MANUAL DE CÓMO VENCER LA DEPRESIÓN

TÉCNICAS SOBRE CÓMO RECUPERAR EL OPTIMISMO Y NOCIONES DE SUPERACIÓN PERSONAL

SPENCER ALBERT

Reservados todos los derechos. No se permite la reproducción total o parcial de esta obra, ni su incorporación a un sistema informático, ni su transmisión en cualquier forma o por cualquier medio (electrónico, mecánico, fotocopia, grabación u otros) sin autorización previa y por escrito de los titulares del copyright. La infracción de dichos derechos puede constituir un delito contra la propiedad intelectual.

El contenido de esta obra es responsabilidad del autor y no refleja necesariamente las opiniones de la casa editora. Todos los textos e imágenes fueron proporcionados por el autor, quien es el único responsable sobre los derechos de los mismos.

Publicado por Ibukku
www.ibukku.com
Diseño y maquetación: Índigo Estudio Gráfico
Copyright © 2021 Spencer Albert
ISBN Paperback: 978-1-68574-043-6
ISBN eBook: 978-1-68574-044-3

Índice

1. INTRODUCCIÓN   7

2. CLAVES BÁSICAS   11
    2.1 ALIMENTOS ANTIDEPRESIVOS NATURALES   11
    2.2 PROS Y CONTRAS DE LOS ANTIDEPRESIVOS QUÍMICOS   13
    2.3. ENERGIZANTES   14
    2.4 CAMBIAR LA FORMA DE PENSAR   16
    2.5 CÓMO EVITAR PENSAR EN SUICIDARSE   19
    2.6 OBJETIVACIÓN BÁSICA   23
    2.7 VER EN LA DIFICULTAD LA OPORTUNIDAD   24

3. TERAPIAS AUTO SUGESTIVAS Y PROGRAMACIÓN NEUROLINGÜÍSTICA   27
    3.1 AUTOSUGESTIÓN Y SUGESTIÓN PARTE 1   27
    3.2 AUTOSUGESTIÓN Y SUGESTIÓN PARTE 2   28
    3.3 AUTOSUGESTIÓN Y SUGESTIÓN PARTE 3   29
    3.4 AUTOSUGESTIÓN Y SUGESTIÓN PARTE 4   30
    3.5 AUTOSUGESTIÓN Y SUGESTIÓN PARTE 5   31
    3.6 NOCIONES BÁSICAS DE PROGRAMACIÓN NEUROLINGÜÍSTICA   32
    3.7 REPROGRAMACIÓN DEL SUBCONSCIENTE   33

4. OBJETIVACIÓN GENERAL   35
    4.1 FIJAR METAS PARA MOTIVARSE   35
    4.2 VENCER LAS RESISTENCIAS   35
    4.3 VENCER EL PESIMISMO   36
    4.4 TEMAS QUE INFLUYEN EN QUE UNO PIENSE EN SUICIDARSE Y CÓMO EVITARLOS   36
    4.5 BUSCAR ESCALAR POSICIÓN POCO A POCO   37
    4.6 BUSCAR LA INDEPENDENCIA FINANCIERA   40

5. CÓMO SUPERAR LOS PROBLEMAS DE SALUD QUE INFLUYEN EN LA DEPRESIÓN — 43

    5.1 LA MEDICINA EVOLUCIONA CONSTANTEMENTE Y CADA DÍA HAY NUEVOS DESCUBRIMIENTOS Y ESPERANZAS — 43
    5.2 LA MEDICINA ALTERNATIVA CONTIENE MARAVILLAS — 43
    5.3 TERAPIA DE CÉLULAS MADRE CURA CASI CUALQUIER ENFERMEDAD — 45
    5.4 EVITE A LOS MÉDICOS MEDIOCRES — 46
    5.5 LA REFLEXOTERAPIA — 46
    5.6 EL FACTOR ORACIÓN Y LAS CURACIONES MILAGROSAS. — 47
    5.7 CONSIDERACIONES — 48
    5.8 LAS ENDORFINAS — 48

6. CÓMO VENCER LOS TRAUMAS PARTE 1 — 51

    6.1 CÓMO VENCER LOS TRAUMAS HACIA LOS INSULTOS PARTE 1 — 51
    6.2 CÓMO VENCER LOS TRAUMAS HACIA INSULTOS PARTE 2 — 51
    6.3 CÓMO VENCER LOS TRAUMAS HACIA LOS INSULTOS PARTE 3 — 52
    6.4 CÓMO VENCER LOS TRAUMAS HACIA LOS INSULTOS PARTE 4 — 52
    6.5 CÓMO VENCER LOS TRAUMAS HACIA LOS INSULTOS PARTE 5 — 53
    6.6 CÓMO VENCER LOS TRAUMAS HACIA LA SALUD — 53
    6.7 CÓMO VENCER LOS TRAUMAS HACIA EL PASADO PARTE 1 — 54
    6.8 CÓMO VENCER LOS TRAUMAS HACIA EL PASADO PARTE 2 — 54
    6.9 CÓMO VENCER LOS TRAUMAS HACIA LAS PAREJAS — 55

7. CÓMO VENCER LOS TRAUMAS PARTE 2 — 57
7.1 CÓMO VENCER EL MIEDO — 57
7.2 INTROSPECCIÓN, *EXTROSPECCIÓN*, RETROSPECCIÓN — 57
7.3 EL TRABAJO CONTRA EL EGO — 58
7.4 CÓPIESE DE LAS PERSONAS QUE SUPERARON EL TRAUMA — 58
7.5 UN TRABAJO PERIÓDICO — 59
7.6 MÚSICA CON MENSAJES SUBLIMINALES — 59

8. CÓMO SUPERAR PROBLEMAS ECONÓMICOS PARA MOTIVARSE — 61
8.1 BUSQUE UN BUEN TRABAJO Y ESCALE POSICIÓN — 61
8.2 BUSQUE INGRESOS PASIVOS E INDEPENDENCIA FINANCIERA — 61
8.3 AHORRE POCO A POCO — 62
8.4 ESTUDIE POCO A POCO — 62
8.5 ESFUERZO ES ÉXITO — 63
8.6 CAPACÍTESE CONSTANTEMENTE — 63

9. LOS LIBROS DE AUTOAYUDA EN RELACIÓN A LA SUPERACIÓN DE LA DEPRESIÓN — 65
9.1 LIBROS DE AUTOAYUDA Y SU IMPORTANCIA — 65
9.2 LA IMPORTANCIA DE DOMINARSE A SÍ MISMO — 67
9.3 FILOSOFÍA Y PSICOLOGÍA BÁSICA — 68
9.4 EL EGO ES UNA SEGUNDA PERSONALIDAD INHUMANA Y NUESTRO LADO OSCURO. — 68
9.5 LAS EXPERIENCIAS POSITIVAS Y NEGATIVAS — 69

10. FACTOR PRECISIÓN — 71
10.1 BUSQUE REFUGIO EN LAS RELIGIONES — 71
10.2 EVITE EL ABUSO SEXUAL — 72
10.3 PAGUE SU CASTIGO — 72
10.4 DIFERENCIE CASTIGO DE PRUEBA — 73

11. CONCLUSIONES 75

12. RECOMENDACIONES 77

1. INTRODUCCIÓN

A veces todos podemos caer, en menor o mayor proporción, en el estado de la depresión, en este libro expondremos una serie de técnicas y consideraciones que lo guiarán poco a poco a la superación de dicho estado, generando grandes dosis de motivación a la vez de activando la voluntad. Todo esto es sumamente importante. Existen muchos casos de suicidio, los cuales pueden ser evitados si uno se trata psicológicamente a tiempo y cambia su forma de pensar.

Asimismo, en el primer capítulo haremos un listado de alimentos naturales que por su contenido químico, actúan sobre el cerebro generando amplias dosis de serotonina y dopamina, contrarrestando la sensación de depresión automáticamente en elevados porcentajes.

En la prueba de la vida uno debe pensar filosóficamente y ver la manera de aprobar, tanto la prueba general como la secuencia de pruebas que uno pasa día a día. Muy importante es, al mismo tiempo, diferenciar entre castigo y prueba. Si uno es castigado, debe buscar filosóficamente por qué se es castigado, lo cual es un trabajo interno y personal, el cual la divinidad debe de ayudarlo a resolver. Es importante recordar que todo pasa y la secuencia de pruebas no son eternas y tomar como ejemplo que después de la tormenta sale el arco iris, También explicaremos, en capítulos subsiguientes, la importancia de cambiar la forma de pensar, para lo cual hay que cambiar hábitos. Ampliando el criterio, uno tiene más posibilidades, en cambio, pensando con un criterio estrecho, se tienen menos posibilidades, las cuales deben ser ampliadas para evitar caer en el vicio del pesimismo o peor aún, del fatalismo. Es importante el realismo, pero ese realismo (ver la realidad) debe de ser combinado con optimismo (optimizar posibilidades) para buscar mejores oportunidades de superación.

En este libro también trataremos el factor económico, pues si bien es cierto de acuerdo a una «*extrospección*» (factores externos que afectan a uno), influye mucho en los estados de ánimo, ya que le dan cierta estabilidad y prosperidad. Un conocido autor decía: «Tal vez el dinero no hace la felicidad pero hace algo parecido», por lo tanto, es importante tener prosperidad y no sólo eso sino además buscar maneras de lograr la independencia financiera, que es una manera inteligente de *jubilarse joven*. Todo esto lo expondremos en la presente obra, pero desde ya, iremos avanzando en sintetizar estos conceptos claves para dar una perspectiva positiva de esta obra, abriéndole camino al lector de darle la posibilidad de superar poco a poco la depresión desde la introducción, de esta manera empezaremos con el pie derecho.

Otro factor muy importante es la salud. Parece mentira que cuando uno está sano, pero la mala salud es un factor que puede deprimir mucho a una persona, uno debe tomar en cuenta las siguientes consideraciones: la medicina evoluciona constantemente y constantemente aparecen nuevos descubrimientos. Enfermedades que en otras épocas parecían incurables ahora pueden ser curables, sea total o parcialmente. Tómese en cuenta de que existen muchos médicos mediocres que no han sido buenos alumnos, que no investigan, que no se actualizan y por lo tanto no son buenos profesionales. Existen soluciones increíbles en la medicina alternativa que valen la pena ser investigadas. Claro que también existen médicos excelentes en la medicina convencional, pero hay que saber hallarlos. Asimismo existen terapias y pseudo terapias, como la acupuntura y la reflexología que dicen ser, según testimonios que he conocido, una maravilla con resultados milagrosos. También en algunas iglesias o religiones se habla de curaciones milagrosas mediante la oración, ¿será verdad o no?, bueno, pues vale la pena investigarlo. No acepte ni rechace, mejor compruébelo. Con todo esto intento darle a usted, querido lector, la posibilidad de que si está enfermo o si padeciere alguna enfermedad grave, que posiblemente exista una salida; anímese y no deje de buscarla, si no la encuentra ahora, posiblemente la encuentre en el futuro con los constantes descubrimientos de la medicina convencional o alternativa. Se dice que lo último que se pierde es la esperanza. Todo esto es sumamente importante de tomar en cuenta como base para prevenir la depresión. Como yo siempre digo y recomiendo: use su libre albedrío inteligentemente, haga lo que mejor le parezca en la medida en que se pueda. Recuerde que el esfuerzo bien canalizado es la clave del éxito, deje que la chispa de dios que está en su corazón, lo guíe a usted inteligentemente; para ello aplique paralelamente la oración, oración es conversar con dios. Por éste y otros motivos, hemos dado un capítulo en este libro sobre el tema religioso, ya que es un fuerte aliado en contra de la depresión. Con estos aportes concluimos la presente introducción.

2. CLAVES BÁSICAS

2.1 ALIMENTOS ANTIDEPRESIVOS NATURALES

Existen una serie de alimentos que actúan como antidepresivos naturales, los cuales hacen que el cerebro genere más dopamina y serotonina, de esta manera se puede evitar la depresión. Incluir uno o más de estos alimentos en la dieta diaria le ayuda a uno a no sentir depresión. Todo esto es importante para poder combatir la depresión, lo bueno es que éste es un tratamiento natural que no tiene efectos secundarios. Enseguida mostraré la lista de los principales alimentos antidepresivos.

1. Magnesio.

2. Chocolate.

3. Omega 3, omega 6, omega 9.

4. Plátano.

5. Palta (o aguacate).

6. Avena.

7. Hierro.

8. Calcio.

9. Vitamina C.

10. Canela.

Dentro de los principales alimentos contra la depresión tenemos el magnesio, que es bueno para muchas funciones del organismo humano. Es bueno, por ejemplo, para administrar el calcio en el cuerpo. Adicionalmente, el magnesio cura la sensación de aburrimiento y ansiedad que las personas puedan tener como efecto secundario causado por algunos tipos de ansiolíticos o antidepresivos químicos. Esto ocurre debido a que el magnesio es un tónico muy bueno para el sistema nervioso.

En este caso de depresión recomiendo utilizar el alimento terapia. En la cultura hindú, donde hay muchos sabios, se dice que uno es lo que come, asimismo hay que evitar alimentos como las carnes rojas, las frituras y el alcohol, ya que este tipo de alimentos lo deprimen a uno. Un amigo que es médico naturista, me comentó que el alcohol es un depresor del sistema nervioso, si bien éste puede darle a uno una sensación temporal de júbilo, posteriormente lo deprime a uno. Hay que evitar la ingestión de toxinas, ya que éstas pasan al torrente sanguíneo y el torrente sanguíneo irriga al cerebro con esta sangre viciada causándole a uno alteraciones, como la depresión.

2.2 PROS Y CONTRAS DE LOS ANTIDEPRESIVOS QUÍMICOS

Los antidepresivos químicos que en algunos casos también son ansiolíticos, o sea, también regulan o alteran el estado de la ansiedad, dependiendo de la calidad de estos, y pueden tener efectos secundarios, como la sensación de aburrimiento o sentir sensación de impaciencia. Yo he conversado con personas que los han tomado y me comentan que en sus casos (puede haber excepciones), tienen mencionados efectos secundarios. De todas maneras es recomendable no acudir a estos, a menos que sean casos extremos. Pero insisto que en lugar de consumirlos es preferible recurrir a los alimentos antidepresivos naturales. Ciertos antidepresivos químicos causan sensación de impaciencia y sensación de aburrimiento, porque cortan ciertas neurotransmisiones que el cerebro realiza, en cambio el magnesio restituye esas neurotransmisiones y las mejora curando así la sensación de aburrimiento, de ansiedad, sanando la depresión. Si usted ha tomado ansiolíticos químicos y no sabe cómo quitar sus efectos secundarios, tome magnesio y en cuestión de algunos días empezará a ver resultados, también puede tomar cloruro de magnesio, que es como una panacea para problemas de salud, física y psicosomática.

2.3. ENERGIZANTES

Parte del proceso de combatir la depresión es aumentar la dosis de voluntad, pero a veces la voluntad que uno tiene no es suficiente, por lo cual eventualmente uno recurre a energizantes o tónicos. Los cuales actúan como un apoyo temporal para obtener voluntad inmediata. Los energizantes principales que recomiendo son los siguientes:

1. Café.

2. Té.

3. Taurina.

4. Avena.

5. Vitaminas.

Un detalle muy importante previo es que nunca se debe combinar el café con el té porque daña al corazón y al cerebro; una vez cometí ese error y casi me desmayo, afortunadamente neutralicé el efecto de dicha combinación con una alta dosis de jugo de limón que es un desintoxicante natural.

El té contiene teína que es lo mismo que la cafeína, este agente es el que causa sensación de estímulo, más ganas de leer, más energía en el centro motor, etc., aparte de eso, el té tiene una serie de componentes buenos para la salud. El café contiene cafeína y es un estimulante, un coco agresivo para el corazón, no lo recomiendo tanto como el té, pero asimismo hay gente que prefiere el café.

Un estimulante muy potente, más que la cafeína, es la taurina. Aunque aún no se han realizado estudios lo suficientemente profundos, yo lo he consumido y particularmente, es de venta sin receta médica, además sumamente potente, da voluntad inmediata. Yo utilizo la taurina como un energizante de emergencia, ya que como no se han hecho suficientes pruebas, no se sabe qué tan perniciosos puedan ser sus efectos secundarios, lo que sí está comprobado es que si la taurina se combina con alcohol, esa combinación daña al corazón, inclusive le puede dar un paro cardiaco. Tome en cuenta esto, nunca mezcle taurina con alcohol.

La avena es un alimento que nutre mucho y tiene una serie de componentes que son buenos para el cerebro, el consumirla, sobre todo en las mañanas, uno obtiene esa sensación de *estar despierto*. La recomiendo.

Otro estimulante muy importante son las vitaminas, si se trata de actividades intelectuales, netamente se recomienda usar la vitamina B y en general el complejo B. El consumir vitaminas ayuda a complementar las funciones de los órganos vitales, sobre todo del sistema nervioso central.

Las vitaminas, en sus presentaciones, muchas veces vienen combinadas con nutrientes esenciales, los cuales son, por ejemplo, el magnesio, el zinc o el hierro. Si usted tiene oportunidad de tomarlas hágalo, ya que es un apoyo importante en las actividades que uno normalmente realiza.

Bueno, para concluir con el tema de los energizantes, le recomiendo que tome uno o más de éstos a su criterio. Comento adicionalmente, por experiencia propia, que las veces que consumí taurina tuve un fuerte efecto motivador contra la depresión en mí, pero insisto en que es un medicamento de emergencia solamente, pero bueno, para tener la experiencia hay que comprobar.

2.4 CAMBIAR LA FORMA DE PENSAR

Nosotros, de acuerdo al conjunto de experiencias que tenemos diariamente, poco a poco hemos ido formando hábitos en general y estos hábitos relativos al caso de las depresiones, más específicamente me refiero a los hábitos del pensamiento, hábitos mentales. Para poder curarnos la depresión, es importante cambiar nuestra forma de pensar, me basamento en esto porque si uno va a tener un futuro más productivo, debe tenerse otra base en los pensamientos. Existe un dicho que he tomado de otro autor que dice: «vino nuevo en odre nuevo», porque si uno echara vino nuevo en odre viejo, el vino nuevo destruiría al odre viejo. Esta comparación metafórica lo que intenta decirnos es que para tener una nueva forma de mentalidad más elevada, uno tiene que cambiar la forma de pensar. Este tema es sumamente extenso, usted, querido lector, deberá profundizar sobre estas instrucciones y recomendaciones en la medida en que lo considere posible. Pero principalmente empezaremos por retirar de la mente el pesimismo e intentar pensar en forma más positiva. El pesimismo, como ya lo explicaremos más adelante, está producido por el resultado de malas experiencias. Cuando uno era más joven, se tenía una mentalidad más abierta, la cual poco a poco se ha ido cerrando. Parte de cambiar la forma de pensar es abrir de nuevo ese criterio.

En la medida que usted cambie su forma de pensar tendrá más oportunidades de tener éxito, pero para esto usted deberá combinarla con factores de apoyo, de los cuales son muchos, pero en la medida en que usted los vaya buscando, los irá encontrando y aplicando.

Adicionalmente recomiendo pensar en una manera un poquito más arriesgada, porque para poder ganar, uno primero tiene que arriesgar un poco. Claro que ese riesgo debe de hacerlo moderadamente de acuerdo a su forma de proceder en los proyectos que uno vaya a realizar.

Paralelamente, en este trabajo es cultivar el hábito de la imperturbabilidad lo más posible, si uno poco a poco logra ser más resistente a los inconvenientes que pueda encontrar en el camino de la prueba de la vida. Para lograr esto es importante imaginar las ventajas de la facultad de la imperturbabilidad, es importante trabajar en general con la imaginación y no subestimar esta facultad ya que si la ejercitamos y la aplicamos inteligentemente lograremos maravillas.

Para esto aplique dosis de entusiasmo, recuerde pensamientos optimistas, llene su mente de pensamientos positivos, bote todo lo que no sirve de su mente. Evite la intermitencia de los pensamientos negativos llenando su mente de pensamientos positivos. Hay que reprogramar la mente subconsciente con la mayor cantidad de pensamientos positivos.

2.5 CÓMO EVITAR PENSAR EN SUICIDARSE

Algo muy importante para combatir la depresión es evitar pensar en suicidarse. El suicidio es una salida extrema a la que debemos evitar recurrir. En el presente subcapítulo indicaremos una serie de instrucciones para evitar recurrir a esta salida tan extrema.

En primer lugar, para evitar pensar en suicidarse empiece por recurrir a una dieta de los alimentos antidepresivos mencionados en los capítulos pasados, los cuales ayudan mucho a superar cuadros severos de depresión; empezando por el magnesio, el magnesio, así como el cloruro de magnesio, son antidepresivos naturales muy potentes que tomándolos diariamente, ayudan a evitar la depresión.

En algunos casos hay personas que tienen la tendencia a pensar en suicidarse por el hecho de mucho pensar en esoterismo, ocultismo. En lo particular, comento mi profunda afición por el ocultismo, a título personal puedo dar fe de que uno piense en irse al otro mundo por la puerta del suicidio, esto ocurre porque al leer ocultismo uno lee tantas maravillas sobre el otro mundo, que llega un momento en el que se piensa en irse. El hecho de pensar en irse al otro mundo, no es que técnicamente esté mal, sino que el error es querer irse por *la puerta falsa del suicidio*, ya que hacer eso es un arma de doble filo. Para evitar esto uno debe de equilibrar más lo material con lo espiritual. Aquí daré una sencilla explicación filosófica que le quitará a un ocultista empedernido todas las ganas de suicidarse. Según el ocultismo, uno está en este mundo material para pagar karma (castigo). ¿Cómo lo paga uno?, o bien con buenas acciones o bien lo paga con dolor, para evitar pagar con dolor su karma, se debe acumular la mayor cantidad de buenas acciones posibles para tener una próxima existencia más próspera, si fuese posible, hacer buenas acciones masivas. El tomar esta consideración en cuenta, se quitarán las ganas de suicidarse. Uno no debe dejarse dominar por el ego, el ego es nuestro lado oscuro, el ego busca la autodestrucción de uno, es la personificación del error.

Otro factor de apoyo a tomar en cuenta es el reconocer los propios errores. Si se llega a casos extremos de depresión como para pensar en suicidarse, es porque uno cometió errores. Hay que reconocerlos para corregirlos y con esta lección no caer en errores de mayor tamaño. Si bien es cierto, cuando una persona piensa en suicidarse siempre hay algo que la detiene, ese algo es el ser interno de uno y ¿por qué lo detiene?, porque suicidarse sería violar leyes cósmicas y uno debe de evitar violar esa ley. Uno debe pagar todo el karma, no sólo de esta existencia sino de existencias pasadas, cuando lo paga, no sólo todo va mejor, sino que tiene la oportunidad de encarnarse en mundos paraísos en su próxima existencia.

Otro factor para tomar en cuenta para superar cuadros crónicos de depresión es el evitar el abuso sexual. El abuso sexual causa depresión. Según la mayoría de las religiones, el manejo inadecuado de la energía sexual es causa de maldición. Bueno, si los libros sagrados de la mayoría de las religiones lo dicen, ha de ser por algo.

Se ha comprobado clínicamente que el abuso sexual causa alteraciones en la mentalidad de uno. Evite eso, haga una retrospectiva de si ha abusado en alguna forma de la energía sexual. Lo invito a que haga su propia investigación de cuán pernicioso es el abuso sexual. Muchos casos históricos de gente que se suicida son porque abusaron del sexo. Evítelo, aún está a tiempo.

Si la causa de la depresión es una enfermedad grave, en los subcapítulos pasados explicamos la solución. Pero, por si acaso, resumiré brevemente que uno debe investigar incansablemente la cura en los constantes nuevos descubrimientos de la medicina, no sólo en la medicina convencional sino también en la medicina alternativa. La clave de la cura de la depresión crónica por enfermedad es investigación.

Es importante recordar que a veces tenemos que hacer cosas que no nos gustan. A veces se tiende a caer en cuadros crónicos de depresión por gajes del oficio que causan demasiado estrés. Se debe de trabajar en lo que le guste, para ello tiene que buscar y para eso a veces tiene que hacer cosas que no le gustan a uno. Si es por una buena causa, adelante. Ahora que si uno va a hacer algo que no le guste para un mal fin, en esos casos es mejor no hacerlas.

Si uno cae en cuadros graves de depresión por haber sido una persona mala, la solución viene a ser luchar todo lo posible para cambiar y ser una persona buena. He conocido gente que ha sido mala por azares del destino, pero esas personas poco a poco se han dado cuenta de su error, han luchado por cambiar y lo han logrado.

Otro sistema que ayuda a uno a quitarse los deseos de suicidio es la meditación y la reflexión. Cuando sienta que vienen los deseos y en meditación los reflexione, si planea suicidarse pero reflexiona una y otra vez sobre lo que está haciendo, la mente subconsciente poco a poco le va facilitando nuevas alternativas de solucionar sus problemas para no recurrir al suicidio.

Algo que también puede ayudar de manera automática, son los audios con mensajes subliminales positivos, estos entran en el subconsciente ayudándolo y reprogramándolo poco a poco. Hágase el hábito de escuchar música con mensajes subliminales y poco a poco verá el cambio positivo. Lo recomiendo por experiencia propia.

En un caso extremo, como en una dictadura, esa condición social también causa depresiones graves, las cuales pueden ser contrarrestadas de la siguiente forma: con oraciones colectivas, ir a grupos o formar grupos de oración para que ese karma nacional cese y se restablezca la democracia.

En último caso, irse del país, sea temporal o definitivamente. Ésa es la solución más viable y sutil.

Hay que ver no sólo el lado negativo de las cosas sino también el lado positivo, como un conocido autor decía, «ver el otro lado de la moneda».

2.6 OBJETIVACIÓN BÁSICA

La objetivación es el fijarse objetivos. Esto es muy importante para combatir la depresión. Uno muchas veces se deprime por falta de objetivos o por equilibrar más los objetivos, se debe hacer una lista del conjunto de objetivos materiales y esa lista debe de estar equilibrada con el conjunto de objetivos espirituales. Es importante equilibrar las listas porque en este mundo material actual, necesitamos ambas cosas. Existe y es preciso crear una tercera lista, la lista de los objetivos auxiliares, que son objetivos de apoyo en caso de que haya muchas dificultades para concretar el objetivo. La objetivación, como siempre digo, genera voluntad automática, ya que canaliza la voluntad inconsciente en voluntad canalizada a los objetivos. Se sobreentiende que estos objetivos deben ser superiores para obtener óptimos resultados. El paso siguiente al objetivar, es crear un plan para realizar cada objetivo. El plan debe de estar elaborado a criterio propio, ya que es parte del compendio de trabajo interno sobre sí mismo.

En conclusión, el objetivar, o sea la formación de objetivos y metas, es un factor muy importante en contra de la depresión, ya depende de usted, lector, el aplicarlo.

2.7 VER EN LA DIFICULTAD LA OPORTUNIDAD

Un tema muy tocado en el liderazgo, así como en administración de empresas, es la adaptabilidad, la cual deriva en ver en la dificultad la oportunidad. Como decía un conocido autor: «Un problema es como una moneda de dos caras, tiene una cara negativa, que viene a ser lo que perjudica y la otra cara viene a ser el bien o experiencia que nos aporta». En sí, un conocido autor que es Spencer Johnson en su libro *Quién se ha llevado mi queso*, afirma que «el camino al éxito es relativo a la adaptabilidad al cambio», así también nos afirma que «mantenerse en el éxito depende de cuánta capacidad de adaptarnos al cambio tengamos». En sí, tener una dificultad nos hace superarnos y eso en muchos casos genera oportunidades. Otro autor que se llama Alex Dey, afirma que «es importante ver los problemas como retos para enfrentarlos con valor, con motivación».

Ahora hay una consideración muy importante a aplicar sobre esoterismo, el cual es el compendio de leyes cósmicas, esas leyes son muy extensas y por lo tanto no podemos mencionarlas en su totalidad, pero en resumen, uno en la vida algunas veces es sometido a prueba o a castigo. La prueba es algo natural que la divinidad le da a uno, en cambio el castigo es porque uno violó una ley del otro mundo o de este mundo. Dos leyes principales que recomiendo, es hacer caso y no violar el mandato bíblico del sexto mandamiento ni del noveno mandamiento, porque al violar estos mandamientos uno cae en maldición. Bueno, de por sí las leyes básicas del otro mundo son los diez mandamientos bíblicos, pero existen otras leyes como la ley de atracción, también conocida como la ley de imantación universal, que refiere a que uno atrae lo que piensa. Para ello hay que pensar en cosas positivas para atraerlas, cultivar un positivismo existencial. De esta manera, al cumplir con las leyes, uno crea una burbuja a su alrededor que lo protege de las maldiciones, de gente mala y de muchos tipos de desgracias. Hasta aquí mi explicación.

3. TERAPIAS AUTO SUGESTIVAS Y PROGRAMACIÓN NEUROLINGÜÍSTICA

3.1 AUTOSUGESTIÓN Y SUGESTIÓN PARTE 1

Sugestión en sí significa sugerencia y autosugestión significa auto sugerencia. En sí la sugestión es una técnica de inducción desarrollada por la escuela de Nancy en París, así como por otras escuelas, las cuales determinan que el sugerir una idea, o sea *meter una idea en la cabeza*, es parte del pensar psicológico y sirve como técnica inductiva; o sea, hace que uno sea persuadido por una sugerencia que se desee transmitir. ¿Qué es inducción?, la inducción es la persuasión.

La autosugestión y la sugestión son técnicas que pueden aplicarse específicamente contra la depresión. En el primer caso uno deberá diseñar pensamientos y repetirlos hasta que queden grabados en el subconsciente y éste los repita intermitentemente para poder superar automatismos y conducir a uno a vencer pensamientos negativos de pesimismo, de violencia, de frustración, etc. En el segundo caso, o sea de la sugestión de un operador, deberá inducir con pensamientos convincentes al receptor, o sea al paciente, a que adopte una determinada forma de pensamiento que es lo que figure en el cuadro sugestivo, lo que en sí, es el conjunto de pensamientos que el operador inducirá al receptor, esta técnica será aplicada por un hipnotizador «**x**» o por cualquier persona que sea un agente capaz. En este caso, el cuadro sugestivo deberá diseñarse con pensamientos que contrarresten, atenúen, eviten la depresión. Aplicándose esas técnicas orientadas al objetivo de cómo curar la depresión, uno puede curársela; ese tipo de sistemas deberán de aplicarse en la frecuencia que se considere conveniente. Obviamente con más frecuencia en la fase inicial y poco a poco con una frecuencia menor pero en forma periódica cada vez que regrese la depresión.

3.2 AUTOSUGESTIÓN Y SUGESTIÓN PARTE 2

Otra técnica de autosugestión que es sumamente útil, es la siguiente. Esta técnica es recopilada por el profesor Paul C. Jagot, quien fue autor de más de quince libros de autoayuda. La técnica consiste en fijar la mirada en una idea o principio escrito por espacio de algunos minutos, en la idea o principio en sí está la sugestión. Al aplicar este método o principio escrito, esta idea en sí es una sugestión. Al aplicar este método, la sugestión entrará en la mente de uno por los próximos días o semanas y le dará un efecto de apoyo a la mentalidad. El subconsciente recordará periódicamente su efecto en forma de automatismo, es un automatismo inducido pero benéfico, no un automatismo perjudicial, Evidentemente, en este caso, la autosugestión deberá ser de un tema relativo a combatir la depresión. De esta manera, con este ejercicio, empezamos a reprogramar el subconsciente.

3.3 AUTOSUGESTIÓN Y SUGESTIÓN PARTE 3

Otra forma de sugestión es el recurrir a un hipnotizador profesional, quien se encargará de sugestionarlo y ayudarlo a curar el trauma, superar la depresión así como también lograr el fin buscado. Existen básicamente tres formas de hipnotismo, el hipnotismo por sistema de péndulo, desarrollado por Charot, el sistema de hipnotismo por agente magnético desarrollado por Mesmer y el sistema por sugestión desarrollado por la escuela de Nancy en París. El primero consiste en lograr un estado de semisueño para lograr la inducción requerida mediante el sistema de péndulo, el segundo sistema desarrollado por Mesmer se basa en lograr la inducción y el semisueño con base en los pases magnéticos. Técnicas similares son las del reiki o de la purificación por imposición de manos de Mahikari, que también utilizan el agente magnético. A principios del siglo XX estaban muy de moda los magnetizadores. El tercer sistema, desarrollado por la escuela de Nancy en París es el de la sugestión, que es una técnica de inducción por la mencionada sugestión, o sea por sugerencias hacia el receptor. Existe adicionalmente una cuarta forma de inducción que viene a ser la del hipnotismo a distancia, la cual es aplicada por personas que desarrollan la telepatía, usted puede desarrollar esa facultad leyendo el libro *El hipnotismo a distancia* por Paul C. Jagot. También existen las regresiones que son estados de semisueño mediante los cuales uno puede recordar sus vidas pasadas.

3.4 AUTOSUGESTIÓN Y SUGESTIÓN PARTE 4

Para ver el grado de sugestión de una persona hay que ver qué tipo de persona es y con base en eso se clasifican en cuatro tipos de personas básicas:

Primero: El triangular, que es una persona en la que prima el carácter intelectual, las personas triangulares son sugestionables entre un 80% y un 100%.

Segundo: El ovoide, que son las personas de contextura gruesa, estos son sugestionables entre un 60% y un 80%.

Tercero: El carácter delgado, estas son las personas de contextura delgada, las cuales son sugestionables entre un 40% y un 60%.

Cuarto: El terrenal, este tipo de personas son por lo general las personas de clase obrera muy apegadas a lo material y a los vicios, en sí a la complacencia de los sentidos. Estas son las personas más difíciles de sugestionar y son sugestionables sólo en un 20% a un 40%, e incluso menos.

Estos cuatro tipos que mencioné son los cuatro tipos de persona en la clasificación de hipnotizables. Existe un quinto tipo de persona que es el sanguíneo, el cual es muy apegado a las actividades físicas, adicionalmente existen los caracteres mixtos como el triangular-ovoide, entre otros. Es muy importante verificar el grado que se tiene en mayor o menor medida de sugestión, previamente a aplicar la sugestión o cualquier otro proceso de inducción.

3.5 AUTOSUGESTIÓN Y SUGESTIÓN PARTE 5

Otra manera de autosugestión y sugestión, que más adelante detallaremos, es la música con mensajes subliminales. Esta música tiene la propiedad de sugestionar sutilmente al receptor o paciente. Otro tema que paralelamente sugestiona a uno, podría decirse que son los *sonidos binaurales* que están conformados por ondas alfa, ondas beta, ondas teta, ondas delta y ondas gamma. Estos tipos de onda son recomendables para activar partes del cerebro que están sin funcionar, asimismo estas ondas incrementan la concentración, el desarrollo de la memoria. Fueron descubiertas en Alemania el siglo pasado, y hoy por hoy son utilizadas constantemente. Su eficacia está comprobada científicamente, adicionalmente podemos referir que son muy útiles para estudiar. Una amiga que es educadora las ha utilizado en sus alumnos con efectos positivos, el alumnado que utilizó estas ondas mejoró rápidamente el aprendizaje, así como desarrolló la memoria.

3.6 NOCIONES BÁSICAS DE PROGRAMACIÓN NEUROLINGÜÍSTICA

La programación neurolingüística consiste en programar lo que uno va a pensar, las ideas que va a tener mediante una terapia lingüística. Dejo en claro que existen diferentes conceptos de diferentes autores que varían un poco el significado de programación neurolingüística. Es una técnica parecida a la sugestión y yo diría, a título personal, que es una variante de la sugestión. Adicionalmente, podemos decir que la programación neurolingüística es un tratamiento de apoyo a la depresión. Si usted sufre de depresión, cómprese un libro de programación neurolingüística y/o consulte a un especialista en programación neurolingüística para que le dé una conveniente terapia. Para los efectos de una depresión intermitente, ésta es una terapia que puede aplicarse periódicamente.

3.7 REPROGRAMACIÓN DEL SUBCONSCIENTE

En la medida en la que uno vive, adquiere conocimientos, adquiere experiencias, adquiere hábitos, desarrolla habilidades y todo esto se graba en el subconsciente. Pero para poder cambiar la forma de pensar, uno debe de darle impresiones positivas, alimento positivo y benéfico al subconsciente, en la medida en que se le dé esta clase de alimento al subconsciente, uno poco a poco irá siendo apoyado por éste. El subconsciente en sí tiene la propiedad de absorber todo pensamiento, experiencia hábito, etc., con base en ello el subconsciente periódicamente distribuye los recuerdos en la mente, pero es preciso empezar ya a reprogramarlo, ya que una mala programación periódica causa desórdenes internos, como la depresión. Un conocido autor recomendaba cerrarle las puertas de la mente a las impresiones negativas.

4. OBJETIVACIÓN GENERAL

4.1 FIJAR METAS PARA MOTIVARSE

Hace muchos años atrás, leí la obra de un gran autor, quien era John Kennedy, la obra se llamaba: *Cómo poseer fuerza de voluntad*. Este autor afirmaba que la clave de cómo canalizar la voluntad es el fijarse metas, al fijarse metas, uno canaliza la voluntad y genera motivación automática. Es importante, a la vez, que las metas sean elevadas para poder mejorar. Haga eso, que será un punto de apoyo para vencer la depresión.

4.2 VENCER LAS RESISTENCIAS

Cada vez que uno elabora y sigue el camino a desarrollar un objetivo, siempre se encuentra con resistencias, pero la clave para vencer esas resistencias es el aplicar un esfuerzo inteligente. Uno debe dosificar cuánto esfuerzo emitir, dependiendo de qué tan dura sea la resistencia. Es importante tomar en cuenta esto para mejorar poco a poco. Las resistencias pueden causar depresión, pero para que ésta no afecte, uno debe ser fuerte.

4.3 VENCER EL PESIMISMO

El resultado de haber tenido malas experiencias es el pesimismo. El pesimismo, así como su involución, el fatalismo, no es bueno, uno debe de vencerlo para poder reabrir su mente hacia lo nuevo. A medida que uno crece, la mente se va cerrando por el resultado de las malas experiencias, así como por consecuencia de rutinas indebidas, una rutina monótona puede causar pesimismo, para evitar esto, uno debe de estar en constante investigación, explorando novedades que puedan beneficiar en la infinidad de aspectos que uno encuentre en la realidad.

4.4 TEMAS QUE INFLUYEN EN QUE UNO PIENSE EN SUICIDARSE Y CÓMO EVITARLOS

El cómo evitar suicidarse fue tocado ampliamente en un subcapítulo pasado. Pero en el presente subcapítulo lo ampliaremos con una lista, a la cual añadiremos una breve explicación complementaria. Los temas que influyen en que uno piense en suicidarse son los siguientes:

a. Problemas económicos graves.

b. Abusar de la energía sexual.

c. Abusar del esoterismo y no equilibrarlo con lo material.

d. Un trauma muy fuerte.

e. Repetidas malas experiencias.

f. Un problema emocional muy grave.

g. Una separación de una pareja muy querida.

h. La pérdida de un familiar muy querido.

i. Una dictadura temporal.

Lo que debe hacerse en uno o más de estos casos es aplicar, inteligentemente y con mucho criterio, las instrucciones que figuran en este libro para poco a poco superarlo. Si bien uno avanza con las instrucciones y no está del todo bien, de una manera u otra estará mejor, aunque aún no esté del todo bien. Lo principal es que se pueda lograr aumentar el porcentaje de que se esté bien y disminuir el porcentaje de estar mal.

4.5 BUSCAR ESCALAR POSICIÓN POCO A POCO

Si bien uno está en una condición económica o social difícil, poco a poco debe de escalar posición, por ejemplo, poco a poco obtener un mejor empleo, después otro mejor, invertir hasta lograr la independencia financiera y, poco a poco, comprar una propiedad. Para complementar estas instrucciones quisiera recomendar los siguientes libros y autores.

EL NEGOCIO DEL SIGLO XXI (Robert Kiyosaki).

PADRE RICO, PADRE POBRE (Robert Kiyosaki).

GUÍA DE CÓMO INVERTIR (Robert Kiyosaki).

EL CUADRANTE DEL FLUJO DEL DINERO (Robert Kiyosaki).

NIÑO RICO, NIÑO LISTO (Robert Kiyosaki).

RETÍRATE JOVEN Y RICO (Robert Kiyosaki).

LA PROFECÍA DEL PADRE RICO (Robert Kiyosaki).

EL JUEGO DEL DINERO (Robert Kiyosaki).

GUÍA PARA HACERSE RICO (Robert Kiyosaki).

EL MISTERIO DEL CAPITAL (Hernando de Soto).

EXPERIENCIAS PARA UNA ECONOMÍA

AL SERVICIO DE LA GENTE (Carlos Boloña).

CÓMO LOGRAR TODO LO QUE QUIERES (Alex Dey).

ENCICLOPEDIA DE LAS VENTAS (Alex Dey).

LA CIENCIA DE HACERSE RICO (Alex Dey).

CRÉALO, SÍ SE PUEDE (Alex Dey).

LA PROSPERIDAD ES UNA DECISIÓN (Orison Sweet Marden).

TÚ PUEDES SI CREES QUE PUEDES (Orison Sweet Marden).

EL SECRETO DE LOS NEGOCIOS (W.W. Atkinson).

PIENSE Y HÁGASE RICO (Napoleón Hill).

LAS LEYES DEL ÉXITO (Paul C. Jagot).

LO QUE PIENSES COSECHARÁS (Enrique Villanueva).

EL SECRETO (Rhonda Byrnes).

Una vez que uno reprograme su mente con estos libros, ampliará su mente sobre cómo escalar posición. El tema es muy amplio y por eso no se puede expresar a cabalidad en el presente subcapítulo, por lo cual amplié el capítulo con los libros recomendados.

Escalar posición es algo periódico, hágalo poco a poco. Recuerde el objetivo del ajedrez con tiempo: hacer la mejor jugada en el más corto tiempo. Haga lo mismo con su futuro.

4.6 BUSCAR LA INDEPENDENCIA FINANCIERA

Algo que ofrecen las empresas que promocionan las redes de mercadeo, así como algo que recomienda el autor Robert Kiyosaki, es el conseguir la independencia financiera. Hay muchas formas de lograr la independencia financiera. Enseguida haré una lista de las maneras de lograr la independencia financiera. Uno puede generar independencia financiera de las siguientes maneras:

a. Alquilando propiedades.

b. Alquilando vehículos.

c. Teniendo acciones en la bolsa (cobrando dividendos).

d. Con redes de mercadeo.

e. Mediante derechos de autor.

f. Mediante inversión en criptomonedas.

g. Con un canal en Youtube.

h. Con una pensión de jubilación bien remunerada.

Mediante uno o más de estos sistemas que aparecen en el listado, uno puede lograr la independencia financiera, o sea, vivir sin la necesidad de trabajar. Uno no necesariamente tiene que jubilarse en la vejez, cultivando la independencia financiera, puede jubilarse joven. Todo depende de uno. Es importante trabajar, pero no debería ser el objetivo trabajar para siempre, sino sólo hasta lograr la independencia financiera y de ahí retirarse o jubilarse, después de eso, el trabajo sería tan sólo algo opcional.

5. CÓMO SUPERAR LOS PROBLEMAS DE SALUD QUE INFLUYEN EN LA DEPRESIÓN

5.1 LA MEDICINA EVOLUCIONA CONSTANTEMENTE Y CADA DÍA HAY NUEVOS DESCUBRIMIENTOS Y ESPERANZAS

Algo que puede generar depresión es una enfermedad, pero debe de tomarse en cuenta que si actualmente aún no se puede curar o diez años atrás no se podía curar, en el futuro sí se podrá curar, para ello se debe estar a la vanguardia de la medicina, tanto de la medicina convencional como de la medicina alternativa y con eso lograr algún día mejorar la salud, o si es posible, curarse la enfermedad. No perder la esperanza.

5.2 LA MEDICINA ALTERNATIVA CONTIENE MARAVILLAS

Si a veces uno no encuentra la cura en la medicina convencional, debe de investigar la posible cura en la medicina alternativa, ya que esta medicina ofrece una amplia variedad de opciones. Por ejemplo, dentro de la medicina alternativa tenemos la medicina ayurveda, la reflexoterapia, la acupuntura, la medicina naturista, etc. En el plano personal yo tuve un problema de salud y no hallé la cura en la medicina convencional, solo hallé pistas, pero me curé ese problema gracias a la medicina naturista. Una técnica de medicina natural que desconocen los médicos convencionales es la limpieza del hígado del doctor Andreas Moritz, la cual la describe en su totalidad en su libro *La sorprendente limpieza hepática y de la vesícula*. Este doctor afirma que con este proceso natural uno puede arrojar por el recto los cálculos o depósitos grasos del hígado y con ello liberarse de casi todas las enfermedades, como nauseas, dolores de cabeza, cefaleas, reflujo, problemas de la tiroides, etc. Después de hacer la limpieza de hígado, uno se siente totalmente revitalizado, ya que esos cálculos lo dañan tremendamente. Asimismo se pueden, poco a poco, disolver esos cálculos con el ácido málico que contiene el jugo de manzana. Como se ha descubierto que el hígado controla cerca de 500 funciones del organismo humano, al limpiarse, puede curarlo a uno de muchas cosas, pero para mantener el hígado limpio es necesario evitar lo más posible las proteínas animales.

Otra enfermedad que, según dice la medicina convencional es incurable, es la diabetes. Es incurable según la medicina convencional, pero según la medicina alternativa, se dice que tiene cura. Como una forma, es tomando el ácido *gimnemico* que está contenido en las hojas de la planta Gymnema Sylvestre. La Gymnema Sylvestre se ha descubierto que tiene la propiedad de regenerar las células del páncreas. Ponga en cualquier buscador Gymnema Sylvestre y lea la enorme cantidad de resultados en inglés como en español y con ello se dará una gran sorpresa.

Con estos ejemplos usted, querido lector, obtiene una muestra de todo lo que la medicina alternativa puede hacer por usted. Más adelante detallaremos sobre la terapia de células madre y la reflexoterapia que se dice que alivian e inclusive que curan casi de cualquier enfermedad.

5.3 TERAPIA DE CÉLULAS MADRE CURA CASI CUALQUIER ENFERMEDAD

La terapia con células madre es una terapia relativamente nueva. Todos poseemos células madre que son células que pueden reemplazar a cualquier otra del cuerpo. Para tener una idea el gameto del óvulo con el gameto del espermatozoide, cuando se fecunda el óvulo y éste se va subdividiendo, se divide en células madre, las cuales vienen poco a poco a formar el cuerpo de la persona. Cuando uno se somete a una terapia de células madre, mediante un dispositivo que es como una jeringa, le sacan células madre de la médula, que está a la altura de la cadera, procesan esas células y luego se las inyectan a uno. Con esta terapia se puede curar casi cualquier enfermedad. Aparte de este proceso quirúrgico, por decirlo así, hay liberadores de células madre que las venden en cápsulas, estos liberadores se dice que tienen la propiedad de liberar células madre con sólo tomarlos. Que funcione o no, es cuestión de probarlos por periodos prolongados.

5.4 EVITE A LOS MÉDICOS MEDIOCRES

Si se va a un médico, debe de evaluarse que sea un buen médico, si es recomendado, mejor. En cada universidad, en cada institución, hay buenos y malos alumnos, de la misma manera, en cada clínica u hospital, hay buenos y malos médicos, todo es cuestión de saber buscar y probar. Asimismo hay ramas de la medicina convencional que no están lo suficientemente desarrolladas, en eso entra a tallar la medicina alternativa para posibles soluciones, evalúe ambas opciones. Un detalle es que a veces un médico convencional tiene un criterio muy cerrado, es muy apegado a la letra. Hay que contrastar eso con la medicina alternativa.

5.5 LA REFLEXOTERAPIA

Existe una terapia que está hecha a base de masajes en los pies, que es la reflexoterapia. Se dice que cada uno de los órganos del cuerpo está reflejado en los pies.

Con esos masajes en los pies se pueden estimular los órganos vitales y hacerlos trabajar mejor. He visto testimonios de que la reflexoterapia funciona. Me la han recomendado mucho, aunque la reflexoterapia aún se considera como una pseudociencia, es valorada como sumamente efectiva. A la reflexoterapia se le podría considerar como otra parte de la medicina alternativa. Asimismo existen a la venta plantillas para la reflexoterapia, plantillas que se colocan en el pie y que estimulan a los órganos mientras uno camina.

5.6 EL FACTOR ORACIÓN Y LAS CURACIONES MILAGROSAS.

Tanto en la iglesia católica, en las iglesias protestantes, como en otras religiones, así como en las escuelas de misterio, se dice que la oración es algo milagroso, en estas instituciones se ora para la sanación de diversas enfermedades, hay casos de personas que dicen haber sido sanadas. Cuando yo tuve un problema grave de salud, fui a que oraran por mí, a título personal, yo podría decir que más que sanar, lo que me pasó es que cuando empecé a orar se me mostró el camino de cómo curarme y yo logré superar este problema de salud en un gran porcentaje. Otra experiencia que tuve hace muchos años atrás, es que tuve unas verrugas, pequeñas verrugas; para curarme, el dermatólogo me las cauterizó y como consecuencia quedaron unas marcas notorias. Fui a una institución llamada Mahikari en la que sanan con imposición de manos, con sólo tres sesiones de imposición de manos, las marcas desaparecieron casi por completo. Mahikari es una institución que deriva de la cultura japonesa, está en diversas partes del mundo y constantemente se sigue expandiendo. Cuando usted esté mal no pierda la fe. Explore el factor oración.

5.7 CONSIDERACIONES

A todas estas indicaciones aplicadas en este capítulo del libro se sobreentiende que deben utilizarse con criterio, no utilizarse mecánicamente, sino inteligentemente. Si uno las aplica en forma inteligente, poco a poco verá resultados favorables. Hablo con base en experiencia, así como en años de observación. Espero, señor lector, que estas enseñanzas le sirvan y las use en su provecho y de esa manera cure la depresión.

5.8 LAS ENDORFINAS

Las endorfinas son substancias generadas por el cuerpo, esas substancias son lo que llaman *la droga de la felicidad*, hacen a uno sentirse feliz. Para generar endorfinas existen básicamente dos formas: la primera es haciendo ejercicio, la segunda es cultivando el humor. Cuando uno se ríe el cuerpo suelta endorfinas. A título personal, diría que cuando más he sentido la liberación de endorfinas es cuando he hecho caminatas o cuando he hecho natación. Me he sentido muy bien. Al hacer el conjunto de actividades diarias y estar en constante movimiento, el cuerpo suelta las endorfinas.

Según recopila un autor que se llama Miguel Ángel Cornejo, quien además es un conocido expositor, recopila que se ha comprobado que las endorfinas son varias veces más poderosas que la morfina.

No olvide que si usted quiere curar la depresión, el siguiente paso es generar endorfinas.

6. CÓMO VENCER LOS TRAUMAS PARTE 1

6.1 CÓMO VENCER LOS TRAUMAS HACIA LOS INSULTOS PARTE 1

La primera técnica que daremos con respecto a los traumas hacia los insultos, es *el tomar los insultos como una palabra de unas cuantas letras,* no como algo grave. No endiosar el insulto, minimizar la importancia que uno tiene hacia el insulto, de esta manera uno se hará mucho menos daño. El insulto en sí es una palabra o unas palabras a las cuales uno no debe darles importancia, cuando uno no se *pica*, la gente tiene la tendencia a dejar de insultarlo. Hay un dicho común que dice: el que se *pica* pierde, pero para evitar *picarse* hay que aplicar esa técnica. Al cambiar su punto de vista y ver al insulto como una palabra sin importancia, usted mejorará mucho su forma de pensar y por lo tanto su forma de reaccionar.

6.2 CÓMO VENCER LOS TRAUMAS HACIA INSULTOS PARTE 2

La segunda técnica es: *Utilizar el dolor causado por estos insultos como un resorte secreto para desarrollar la tolerabilidad, la calma, la paciencia, el arrepentimiento, el aguante, el autodescubrimiento, etc.* Cuando uno es insultado, debe utilizar el dolor para algo útil, de esta manera, al aplicar esta técnica, se utilizará el insulto para desarrollar esas facultades, con eso uno podrá volverse más resistente e inclusive inmune hacia los insultos. Hay que desarrollar la impasibilidad hasta volverse inmune hacia los insultos.

6.3 CÓMO VENCER LOS TRAUMAS HACIA LOS INSULTOS PARTE 3

La siguiente técnica para poder no sentirse tan mal después de ser insultado, es *aprender a trabajar con el perdón*. Trabajando con el perdón se puede subsanar el inconveniente. Tomar en cuenta que el insultador es un ser humano que puede cometer un error, en base a eso trabajar con el perdón, muchas veces perdonar no es fácil, pero hay que tomar en cuenta que a veces uno tiene que hacer cosas que no nos gustan.

6.4 CÓMO VENCER LOS TRAUMAS HACIA LOS INSULTOS PARTE 4

La siguiente técnica es parecida a la última: *utilizar el deber Parlock*, utilizar el deber Parlock consiste en un principio simple que consiste en ponerse en el lugar de la otra persona. Tómese en cuenta que poniéndose debidamente en el lugar de la otra persona, cualquier error es disculpable. Porque en sí todos somos afectados de alguna manera por las circunstancias, todo nos sucede. Uno debe de aplicar lo más posible la técnica del deber Parlock, esto de la mano con un análisis estructurado, será un gran apoyo para aplicar en conjunto con la última técnica mencionada.

6.5 CÓMO VENCER LOS TRAUMAS HACIA LOS INSULTOS PARTE 5

La siguiente técnica es cuando uno sabe o presiente que va a entrar a una situación en la que va a sufrir el trauma, la siguiente técnica consiste en *hacerle la camita* al trauma, se hace de la siguiente manera: Previamente uno debe de tener una red de autosugestiones que deberá de aplicar a la hora de entrar en la situación. Aplicar, mentalmente, previamente al suceso del trauma, durante el suceso y después del suceso. Con esto uno se sentirá mejor al combatir el trauma, sentirá poco a poco que va superando el trauma.

6.6 CÓMO VENCER LOS TRAUMAS HACIA LA SALUD

Los traumas hacia la salud hay que vencerlos poco a poco utilizando mucho la autosugestión, así como poniéndose a prueba uno mismo gradualmente. Cuando se tuvo una enfermedad que superó, poco a poco deberá de aplicar estas sugestiones y autosugestiones que uno mismo diseñe para poco a poco superar el trauma.

6.7 CÓMO VENCER LOS TRAUMAS HACIA EL PASADO PARTE 1

Bueno, algo fundamental para vencer los traumas hacia el pasado es tener mente abierta hacia lo nuevo. Esto es un gran punto de apoyo, el factor adaptabilidad, desarrollarlo al máximo, tomar en cuenta que si uno no está del todo bien, lo importante es que uno está bien y si no lo está, poco a poco lograrlo. Asimismo, poco a poco deben limarse asperezas con las personas, dependiendo del caso. Otra alternativa es aislarse, evitar dar mucha confianza, dosificar la confianza para evitar problemas con las personas de carácter conflictivo, cuando no se les da confianza hay menos posibilidad de que lo molesten. Adicionalmente, mantener un perfil bajo también ayuda.

6.8 CÓMO VENCER LOS TRAUMAS HACIA EL PASADO PARTE 2

Otro factor de apoyo a aplicar para superar los traumas hacia el pasado, es superar los traumas hacia los insultos y los traumas hacia un derivado de los insultos, es *el qué dirán*.

Uno en estos casos que tocan temas relativos al pasado, tocarlos con mucha delicadeza, con mucho cuidado, para evitar complicar las cosas, adicionalmente debe evitarse fabricar enemigos lo más posible, así como aislarse de las personas indeseables.

Otro factor de apoyo es disolver el egoísmo, hay que analizar el egoísmo poco a poco para que no haga daño hacia los demás.

6.9 CÓMO VENCER LOS TRAUMAS HACIA LAS PAREJAS

Los traumas hacia las parejas normalmente están muy asociados al centro emocional, por lo regular, cuando se tienen problemas con la pareja, se sienten como punzadas en el corazón, para evitar esto, una técnica sencilla es autosugestionarse para no tomarse a esta persona en serio, ya que si uno se la toma enserio, se sentirá mucho más desapegado y le afectará menos el percance. Es importante no tomarse tan a pecho los temas de pareja porque por culpa de una persona desconsiderada e irresponsable que pueda ser la pareja, uno puede hacerse un daño considerable. En sí, para resolver los traumas psicólogos hacia las parejas, recomiendan mucho el trabajar con el ingenio, así como con la imaginación. Este tema es extenso, pero para simplificarlo, se basa en un principio sencillo. Si a uno no le importa esa persona, no tiene por qué sentirse mal la separación. Muchas veces se invierte tiempo en una relación, pero en sí, si uno no lo considera buena inversión, se puede invertir el tiempo en algo mejor, no en algo tan esclavizante. Adicionalmente mencionaré que en las relaciones de pareja, también se debe utilizar mucho la autosugestión, que es un gran factor de apoyo.

Otra recomendación es el asistir a una terapia de pareja. Pero para poder tener éxito en solucionar los problemas de pareja, uno debe de hacer mucho trabajo interno sobre sí mismo. Este tema es sumamente extenso, pero en este pequeño extracto, hago lo posible para brindarle, a usted lector, las principales claves para que de una manera sintética pueda sentirse mejor.

7. CÓMO VENCER LOS TRAUMAS PARTE 2

7.1 CÓMO VENCER EL MIEDO

El miedo se vence con valor, la virtud opuesta al miedo. Sobre el valor hay que hacer un análisis personal de cómo aplicarlo y cuándo aplicarlo, de esa manera, procediendo inteligentemente, venceremos al miedo. Algo que ayuda mucho a esto es la autosugestión aplicada para reprogramar el cerebro y hacer que el cuerpo no sienta miedo.

7.2 INTROSPECCIÓN, *EXTROSPECCIÓN*, RETROSPECCIÓN

Aplicando estos tres factores para un correcto funcionamiento, se podrán lograr prodigios en el trabajo interno sobre sí mismo. Pero enseguida expliquemos qué significan esos tres conceptos. La introspección es el listado de los factores internos que afectan a uno. La *extrospección* es el listado de los factores externos que afectan a uno y la retrospección es el conjunto general de factores que lo afectan. Estos tres factores sirven para que uno diagnostique qué es lo que le está pasando y poco a poco pueda mejorar, porque el primer paso es identificar la causa del problema.

7.3 EL TRABAJO CONTRA EL EGO

El ego en sí es una segunda personalidad inhumana que poseemos, es como nuestro lado oscuro. Para poder combatir al ego debemos hacer un trabajo interno sobre nosotros mismos, el ego, según narra un conocido autor, es un libro de muchos tomos. Asimismo, en el ego están personificados todos nuestros defectos, lo cual está ligado a nuestros errores. Es importante trabajar contra el ego, porque los traumas son una herramienta muy poderosa de él. El ego en sí es como un parásito que nosotros debemos combatir. Lo opuesto al ego es el ser, la parte consciente de nosotros, tratadistas dicen que el ser es la manifestación de la divinidad en uno. Menciono este tema porque para combatir la depresión es importante trabajar contra el ego.

7.4 CÓPIESE DE LAS PERSONAS QUE SUPERARON EL TRAUMA

Una técnica sencilla y efectiva de aplicar, es el copiarse de personas que superaron el trauma. Para aplicar esta técnica, un instrumento simple que puede ejecutarse es la encuesta. Encuestar formal o informalmente a las principales personas que lo rodean, sobre todo a personas que hayan destacado en algún aspecto y preguntarles cómo es que superaron su trauma, con base en esto, copiar el resultado y aplicarlo al propio criterio.

7.5 UN TRABAJO PERIÓDICO

El curar la depresión es un trabajo periódico, si bien es cierto que con algunas de las técnicas que mencionaremos en este libro uno puede obtener ciertos resultados inmediatos, con el tiempo pueden obtenerse resultados más profundos. Lo importante es dedicarse a superar el trauma, así como la depresión.

7.6 MÚSICA CON MENSAJES SUBLIMINALES

La música con mensajes subliminales es un importante factor de apoyo para superar los traumas que uno tenga, ya que estos mensajes que están en un nivel de decibeles que no los capta la mente consciente, sí lo logra la mente subconsciente, poco a poco reprograman e8.1l subconsciente, de esa manera se mejora la forma de pensar. Son un factor de apoyo que uno puede aplicar en sus ratos libres, cuando se está realizando algún trabajo y tenga tiempo de colocar la música.

8. CÓMO SUPERAR PROBLEMAS ECONÓMICOS PARA MOTIVARSE

8.1 BUSQUE UN BUEN TRABAJO Y ESCALE POSICIÓN

Algo que provisionalmente puede hacerlo sentir mejor, es buscar un mejor trabajo hasta que poco a poco uno pueda escalar posición de mejor trabajo en mejor trabajo y paralelamente buscar formas de obtener ingresos pasivos para, poco a poco, lograr la independencia financiera que es como jubilarse, sólo que más joven. Esto se explicará con mayor detalle en el siguiente subpunto.

8.2 BUSQUE INGRESOS PASIVOS E INDEPENDENCIA FINANCIERA

Existen básicamente ocho formas de generar ingresos pasivos para generar independencia financiera. Cada forma tiene sus variantes y sub variantes, el listado está en el capítulo 4.4 y 4.5 de este libro, pero se trata de poco a poco cultivar la independencia financiera para no ser un esclavo del trabajo toda la vida. El trabajo tiene su lado positivo como su lado negativo.

8.3 AHORRE POCO A POCO

Es muy importante el hecho de ahorrar, yo, desde chico, cultivé el hábito del ahorro, el hecho de ahorrar permite tener dinero para una emergencia, pero de todas maneras, existen personas con demasiados problemas económicos (demasiado karma) y en cuyos casos no pueden ahorrar. Las personas, en la medida en la que escalan posición y mejoren su situación económica, podrán ahorrar. Si usted tiene hijos pequeños, es una gran meta. Lo ayudará a vencer la depresión el alcanzar esta meta.

8.4 ESTUDIE POCO A POCO

Como parte de los objetivos para vencer la depresión, es importante el ir constantemente aprendiendo algo nuevo, por ejemplo ir a un seminario y obtener en un día un certificado de una capacitación, esto es una manera de ir acumulando currículum, si uno se prepara a partir de una capacitación hasta una carrera profesional o un post grado. Existen personas que se capacitan cuando ya están con hijos, cuando ya son casadas, claro que lo ideal es hacerlo desde joven. Conocí a una persona que aparte de la carrera profesional que estudió, estaba constantemente capacitándose en cursos libres, diplomados, por ejemplo, aparte de estudiar dos idiomas más, estaba estudiando técnicas de lectura veloz. Uno debe contener el centro emocional para que no interfiera con sus estudios, pero el hecho de estudiar lo distrae de la depresión. Con esto tenemos una herramienta más para vencer la depresión.

8.5 ESFUERZO ES ÉXITO

Hace muchos años leí en el parabrisas posterior de un vehículo una frase que me motivó mucho y que decía: «esfuerzo es éxito». Hace muchos años atrás descubrí un principio muy importante: «la calidad de resultados obtenidos es directamente proporcional al esfuerzo emitido». Con respecto a estos dos pensamientos hay que especificar que hablamos de que con el esfuerzo se logra el éxito, siempre y cuando sea un esfuerzo bien canalizado, porque si el esfuerzo es mal canalizado, uno lo utiliza para autodestruirse. Como por ejemplo, cito el caso de los delincuentes, ellos emiten el esfuerzo en cosas que los autodestruyen. Para evitar cometer este error hay que aplicar el esfuerzo y canalizarlo hacia objetivos positivos inteligentemente.

8.6 CAPACÍTESE CONSTANTEMENTE

Uno poco a poco debe de capacitarse, es parte del subpunto que se tocó con respecto a «estudie poco a poco», capacitarse viene a ser algo similar, sólo que orientado a la parte práctica. Uno puede capacitarse leyendo un manual, viendo un video tutorial, asistiendo a clases particulares de capacitación o simplemente practicando de manera empírica. Este pensamiento se puede aplicar para todo, uno puede capacitarse en casi cualquier cosa, usted encuentre qué le parece mejor.

9. LOS LIBROS DE AUTOAYUDA EN RELACIÓN A LA SUPERACIÓN DE LA DEPRESIÓN

9.1 LIBROS DE AUTOAYUDA Y SU IMPORTANCIA

Los libros de autoayuda pueden ayudarlo mucho. En lo particular, yo empecé a auto dominarme mediante libros de autoayuda desde que era chico, es mucho más útil que leer novelas, aunque en sí la lectura en general es algo muy importante. Los grandes líderes, así como personas destacadas son lectores por naturaleza. Los libros de autoayuda dan una serie de herramientas útiles para poder progresar. Esas técnicas que se aprenden son importantes por muchos motivos.

Dentro de los principales temas relativos a autoayuda yo recomiendo, en lo particular, los siguientes temas:

a. Liderazgo.

b. Voluntad (Técnicas).

c. Técnicas de Persuasión.

d. Inteligencia Social.

e. Inteligencia Emocional.

f. Cómo Vencer la Timidez.

g. Temas de Negocio.

h. Técnicas de Solución de Problemas.

i. Medicina Alternativa.

j. Espiritualidad.

k. Filosofía.

l. Psicología.

m. Reflexología.

n. Maso Terapia.

o. Técnicas de Lectura Veloz.

p. Técnicas de Estudio.

Si lee o estudia un audiolibro, este conjunto de temas, sea uno o varios, al capacitarse en los aspectos de esos temas, usted estará progresando increíblemente, es muy importante la investigación, como siempre lo he dicho. Aquí le dejo un listado de temas a investigar. Los libros de autoayuda en general lo motivarán para vencer la depresión.

9.2 LA IMPORTANCIA DE DOMINARSE A SÍ MISMO

Para empezar este tema de autodominio o dominarse a sí mismo, voy a citar un universal versículo bíblico: «Más vale ser paciente que valiente; más vale dominarse a sí mismo que conquistar ciudades» (Proverbios 16:32). Con esto repetiré lo que se me enseñó desde chico: «Antes de dominar una institución, ciudad o país, se debe empezar por dominarse a sí mismo», y esto tiene mucha lógica, ya que si uno no se domina a sí mismo, puede hacerse un daño considerable y hacer daño considerable a los demás. Pero en sí, el dominarse a sí mismo, es un trabajo interno y personal que todos debemos realizar. Si uno se domina a sí mismo, es obvio que podrá vencer la depresión. Para dominarse a sí mismo, hay que leer mucho sobre autoayuda, así como hacer mucho trabajo interno.

9.3 FILOSOFÍA Y PSICOLOGÍA BÁSICA

En sí, la filosofía básica que uno debe de saber o preguntarse es, por qué está uno aquí y qué propósito se tiene. Esto es una investigación personal que cada quien debe investigar, en lo particular recomiendo analizarlo desde el punto de vista de las religiones y del ocultismo, esto se puede averiguar en las escuelas de misterio. Pero todo es un trabajo personal que uno debe realizar.

La filosofía tiene como atributo hallarle un porqué a la existencia para no vivir como un animalito. La filosofía básica que se debe conocer es la del campo de los libros de autoayuda, en lo particular lo recomiendo más que los libros de psicología oficial, porque son más prácticos. Es importante conocer de psicología para lograr autoconocimiento y autodominio. Una vez que se conocen las técnicas, el proceso es más fácil. Parte de lo que difundan las religiones de psicología y filosofía, combinadas, en buena parte son útiles.

9.4 EL EGO ES UNA SEGUNDA PERSONALIDAD INHUMANA Y NUESTRO LADO OSCURO.

Este tema ya lo tocamos, el ego en sí es nuestro lado oscuro, pero como aporte adicional en este subpunto, podemos decir que el ego en sí es el hombre de las mil máscaras que se disfraza de una personalidad y de otra y así sucesivamente, con tal de engañarlo a uno. Tomemos en cuenta esto para que el ego no nos envuelva en sus complicaciones. No detallaremos más porque este tema ya ha sido tocado en capítulos pasados.

9.5 LAS EXPERIENCIAS POSITIVAS Y NEGATIVAS

Un conocido autor que es Miguel Ángel Cornejo, en una conferencia magistral que dio hace algunos años atrás, expuso que las experiencias positivas lo conducen a uno al éxito, en cambio las experiencias negativas lo conducen a uno al fracaso, esto es algo muy importante de tomar en cuenta. Si se desea progresar, se debe priorizar en cultivar experiencias positivas, no experiencias negativas. Con base en eso, uno podrá progresar.

10. FACTOR PRECISIÓN

10.1 BUSQUE REFUGIO EN LAS RELIGIONES

La religión aporta una serie de valores, ayuda a desarrollarse espiritualmente. Es importante investigar no sólo una, sino de preferencia varias religiones. Hágalo inteligentemente, los sacerdotes católicos, aparte de leer la biblia, estudian los libros sagrados de todas las religiones, lo cual les da un criterio mucho más amplio. En una oportunidad vi un documental de que la iglesia católica tiene influencia de sociedades secretas, claro que esto es en la actualidad y, en lo particular, recomiendo lo mismo. En la religión hindú se afirma que dios es el mismo en todas las religiones, sólo que con diferente nombre. La religión hindú afirma que dios se ha manifestado en diferentes formas a lo largo del mundo, inclusive que donde quiera que predomine la irreligión, él desciende personalmente. La religión es un gran refugio contra la depresión, ya que muchas veces puede llenar un vacío espiritual que lo material por sí solo no puede llenar.

10.2 EVITE EL ABUSO SEXUAL

Existen una serie de estudios científicos que afirman que el abuso sexual es dañino para las personas en general. Causa una serie de trastornos de conducta, entre ellos depresión. Si usted va a una cárcel y encuesta a los presos, va a darse cuenta de que todos o casi todos, son personas que abusaron del sexo. Con esto se prueba que el abuso sexual convierte a uno en un criminal. Es lo mismo que acabo de mencionar, que las cárceles están llenas de criminales que abusaron del sexo. Toda religión, inclusive algunas sectas, afirman que uno debe tener el debido respeto a la energía sexual. En base a eso, por favor analice y dese cuenta de que uno no debe de cometer este error, es un punto de apoyo muy importante para vencer la depresión.

10.3 PAGUE SU CASTIGO

Se dice que Adán y Eva fueron desterrados a este mundo por la prueba de comer del fruto prohibido. En resumen y en conclusión, fueron puestos acá por portarse mal, ¿qué es lo opuesto a portarse mal?, portarse bien. Por tanto, pórtese bien en la prueba de la vida y sea liberado de este cuerpo físico en religiones orientales, en la hindú sobre todo. Se afirma que uno se ha portado mal en el otro mundo, así como en sus existencias pasadas, a raíz de eso uno debe de pagar karma, cuando uno termina de pagar karma, (su castigo), es liberado. ¿Y cómo se paga el karma?, el karma se paga de dos formas, acumulando buenas acciones o con dolor.

Muchas veces uno se deprime porque tiene mucho castigo acumulado, es que no sólo se tiene castigo acumulado de esta existencia, sino de varias existencias. Para ello, cuando uno tiene mucho castigo acumulado, es necesario no sólo hacer buenas acciones, sino buenas acciones masivas, con eso uno pagará su karma.

10.4 DIFERENCIE CASTIGO DE PRUEBA

En sí estamos en este mundo como un castigo por portarnos mal en el otro, pero aparte del castigo general y a la vez de la prueba general que es la vida, uno debe de diferenciar cuándo en la vida la divinidad le pone a uno una prueba y cuándo le pone a uno un castigo. Un castigo se lo pone cuando se tiene acumulado desde esta existencia o desde alguna existencia pasada, alguna mala acción, en cambio se adquiere una prueba cuando la divinidad quiere que uno se supere. Pero el error que muchas veces cometemos es confundir castigo con prueba, ése es el gran error que cometemos.

11. CONCLUSIONES

CONCLUSIÓN # 1: Para vencer la depresión, debe cuidarse la alimentación y utilizar constantemente los alimentos antidepresivos, como el magnesio, para con ello lograr prodigios en la auto superación.

CONCLUSIÓN # 2: Con la autosugestión correctamente aplicada, usted podrá vencer la depresión. En conclusión la autosugestión es una gigantesca herramienta.

CONCLUSIÓN # 3: Fíjese metas para motivarse automáticamente, con la fijación de metas se podrá vencer la depresión.

12. RECOMENDACIONES

RECOMENDACIÓN #1: Paralelamente, a todo lo expuesto en esta obra, uno debe pensar a futuro. Es lo más importante.

RECOMENDACIÓN # 2: Retire de su mente las ideas pesimistas y fatalistas, usted puede pensar de manera más optimista y positiva.

FIN

www.ingramcontent.com/pod-product-compliance
Lightning Source LLC
LaVergne TN
LVHW041541060526
838200LV00037B/1085